Los científicos de la flora y la fauna

Lectura y comprensión de gráficas

Dawn McMillan

Créditos de publicación

Editor
Peter Pulido

Editora asistente
Katie Das

Directora editorial
Emily R. Smith, M.A.Ed.

Redactora gerente
Sharon Coan, M.S.Ed.

Directora creativa
Lee Aucoin

Editora comercial
Rachelle Cracchiolo, M.S.Ed.

Créditos de imágenes

La autora y el editor desean agradecer y dar crédito y reconocimiento a los siguientes por haber dado permiso para reproducir material con *derecho de autor*: portada, The Photo Library/Alamy; título, Shutterstock; p. 4 (left), Photos.com; p.4 (derecha), Harcourt Index; p.5, Dr. Ian Stirling; p.5 (interior), Photo Disc; p.6, Corbis; p. 8–9, Corbis; p.9 Corbis; p.10–11, Dr. Ian Stirling; p.12–13, Big Stock Photo; p.14–15, Harcourt Index; p.16, Corbis; p.16 (interior), Photo Disc; p.17, Corbis; p.18–19, Photos.com; p.19 (interior) Corbis; p.20–21, The Photo Library; p.22–23, Getty Images; p.23 (interior), Corbis; p.24–25, Getty Images; p.25 (interior), Harcourt Index; p.26–27, Photo Disc; Big Stock Photo; p.29

Aunque se ha tomado mucho cuidado en identificar y reconocer el *derecho de autor*, los editores se disculpan por cualquier apropiación indebida cuando no se haya podido identificar el *derecho de autor*. Estarían dispuestos a llegar a un acuerdo aceptable con el propietario correcto en cada caso.

Teacher Created Materials

5301 Oceanus Drive
Huntington Beach, CA 92649-1030
http://www.tcmpub.com
ISBN 978-1-4333-0507-8
© 2009 Teacher Created Materials
Printed in China
Nordica.092018.CA21801160

Contenido

Los científicos de la flora y la fauna

¿Te gustan los animales y estar al aire libre? Entonces podría gustarte ser un **científico de la flora y la fauna.** Los científicos de la flora y la fauna estudian los animales y las plantas. Con frecuencia los estudian en la naturaleza.

Los científicos de la flora y la fauna nos ayudan a aprender sobre los animales y las plantas **en peligro de extinción.** También aprendemos a asegurarnos de que no desaparezcan del mundo.

El Dr. Ian Stirling

El Dr. Ian Stirling ha estudiado los osos polares en la bahía de Hudson, Canadá, por más de 35 años. También ha aprendido mucho acerca del **cambio climático** en el Ártico.

El **clima** ártico se está calentando. El hielo del mar se está derritiendo. Los osos polares se sostienen sobre el hielo del mar para cazar focas. El Dr. Stirling predice que los osos polares podrían desaparecer de la bahía de Hudson si no hay suficiente hielo en el mar.

Bahía de Hudson

Canadá

Estados Unidos

Predicción sobre la población

Entre 20,000 a 27,000 osos polares viven en la naturaleza. Algunos científicos **predicen** que la población entera de osos polares podría desaparecer de la Tierra dentro de 100 años. Los osos polares están muriendo a causa del cambio climático.

El Dr. Stirling comenzó sus **investigaciones** en el 1970. Quería conocer a los osos polares como parte de sus estudios de todo el **medio ambiente marino**. El Dr. Stirling siempre había soñado con trabajar en los lugares más fríos de la Tierra. ¡Era feliz al trabajar con los osos!

Exploremos las matemáticas

Población de osos polares en la bahía de Hudson

En la bahía de Hudson viven dos grupos de osos polares: osos polares del oeste de la bahía de Hudson y osos polares del sur de la bahía de Hudson.

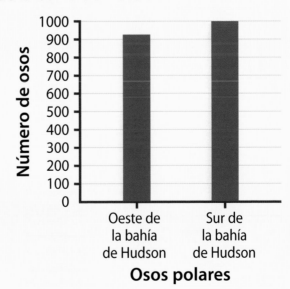

a. ¿Cuántos osos polares más hay en el sur de la bahía de Hudson que en el oeste de la bahía de Hudson?

Estudio de los osos polares

Puede resultar difícil encontrar osos polares. Con frecuencia se les encuentra siguiendo las huellas que dejan sobre la nieve. A veces los osos se hallan sobre el hielo del mar. Sólo se puede llegar a ellos por helicóptero.

Osos grandes

Los osos polares son los más grandes de la especie de osos.

Longitud de los osos polares

Osos polares adultos · Hembra · Macho

1 2 3 4 5 6 7 8 9 10

Longitud en pies

El estudio de los osos polares puede ser peligroso. El Dr. Stirling primero los pone a dormir. Luego, mide al oso y le coloca una etiqueta en cada oreja. Les pone un **tatuaje** con un número dentro de los labios. Saca un pequeño diente de la boca del oso. Usa el diente del oso para averiguar la edad del oso. Por último, el Dr. Stirling coloca un collar especial en el oso. El collar significa que el oso puede ser rastreado.

El Dr. Stirling etiqueta la oreja de un oso.

El Dr. Stirling cuenta el número de los osos que encuentra en la región. Quiere saber por cuánto tiempo viven. Cuenta cuántos osos nacen. Atrapa y etiqueta a un grupo de osos durante un año. Luego atrapa al mismo grupo de osos el año siguiente. Cuenta el número de osos no etiquetados. Así puede saber cuántos osos han nacido.

El Dr. Stirling está a punto de colocar un collar a una osa hembra. Su cría les está mirando.

Durante una primavera, el Dr. Stirling estudió 119 **camadas** de osos polares.

a. ¿Cuántas camadas de dos oseznos hay?

b. ¿De qué tamaño de camada de osos hay menos?

Camadas de osos polares

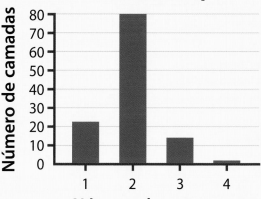

Número de camadas

Número de oseznos en una camada

Puede resultar difícil ver a los osos polares en la nieve del invierno. El Dr. Stirling obtiene sus **datos** entre finales de marzo y mediados de mayo. Es entonces cuando los osos están sobre el hielo en tierra, o cerca de la orilla. El Dr. Stirling puede obtener también datos en el verano. En el verano es fácil ver a los osos polares.

Los pies peludos

A los osos polares les salen pelos duros en la planta de las patas. Estos pelos **aíslan** las pezuñas y proporcionan **tracción** sobre el hielo.

¿A qué velocidad?

Los osos polares caminan unas 3.4 millas por hora (5.5 km/h). Cuando persiguen a su presa, los osos polares pueden correr hasta 25 millas por hora (40 km/h) por distancias cortas.

Velocidad de los osos polares

Caminando a velocidad máxima   Corriendo a velocidad máxima

0   5   10   15   20   25   30

Millas por hora

El futuro de los osos polares

El Dr. Stirling ha notado que el hielo del mar ártico se derrite pronto al acabar el invierno. Se derrite casi tres semanas más temprano que hace 20 años. Esto quiere decir que los osos polares tienen menos tiempo para cazar su comida. Las hembras tienen menos oseznos. Los oseznos que nacen con frecuencia no **sobreviven**.

Hielo del invierno del Ártico

En marzo del 2007, la región del Ártico cubierta por hielo era de 5.7 millones de millas cuadradas (14.7 millones de km^2). Hace unos 20 años, la extensión era de 6.1 millones de millas cuadradas (15.5 millones de km^2).

En el 2003, el Dr. Stirling obtuvo un **premio** por su trabajo con los osos polares. Ha escrito tres libros. También ha escrito más de 200 reportes y artículos. El Dr. Stirling cree que uno de los aspectos más importantes de ser científico de la flora y la fauna es el de compartir sus investigaciones con el público.

Más investigaciones sobre el oso polar

Un estudio de *National Geographic* del 2004 reveló que el oso polar pesaba un 15% menos que en los años 70. ¿Podrías decir por qué?

La Dra. Jane Goodall

La Dra. Jane Goodall nació en Inglaterra en 1934.
Cuando aún era niña, el padre de Jane le dio un chimpancé
de juguete. Ella lo llamó Jubilee. Cuando la Dra. Goodall
creció, fue a África. Estudió los chimpancés reales.

Hay chimpancés en 21 países de África.

África

La Dra. Goodall llegó a África en 1957. Conoció a un científico famoso llamado Dr. Louis Leakey. Él le pidió que estudiara los chimpancés del Parque Nacional de Gombe, en Tanzania. En aquel entonces, se sabía muy poco de los chimpancés. La Dra. Goodall tuvo que descubrir la forma en que hacían las cosas.

Dr. Louis Leakey

Investigaciones en África

La Dra. Goodall comenzó sus investigaciones en 1960. Al principio, los chimpancés no le permitían acercarse a ellos. Tenía que estudiarlos a distancia. Usaba **prismáticos** para hacerlo. Después de un tiempo, los chimpancés aprendieron a confiar en la Dra. Goodall. Entonces pudo acercarse a ellos. Por la noche, la Dra. Goodall escribía todas las cosas que había visto.

La Dra. Goodall descubrió que los chimpancés se parecen mucho a los humanos. Los chimpancés viven en familias y en **comunidades**. Piensan y tienen sentimientos. Abrazan y besan. Los chimpancés jóvenes se ríen cuando juegan.

Exploremos las matemáticas

Los chimpancés pueden vivir en comunidades grandes de 40 a 60 chimpancés.

Una comunidad de chimpancés

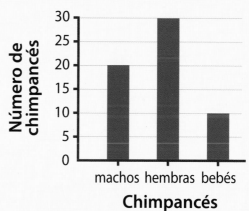

a. ¿Cuántos chimpancés hembras viven en esta comunidad?

b. ¿Cuántas más hembras que machos hay?

c. ¿De qué clase de chimpancés hay menos?

Un día, la Dra. Goodall hizo un descubrimiento.
Fue uno muy importante para sus investigaciones. Vio
a dos chimpancés fabricando herramientas. Usaban las
herramientas para buscar comida. Nadie creía que los
chimpancés pudieran hacer eso.

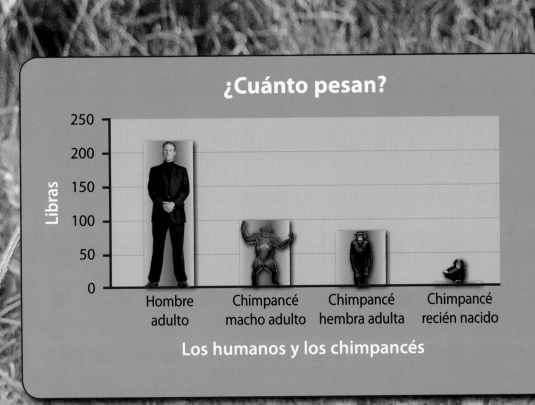

¿Cuánto pesan?

Libras

250
200
150
100
50
0

Hombre adulto | Chimpancé macho adulto | Chimpancé hembra adulta | Chimpancé recién nacido

Los humanos y los chimpancés

Exploremos las matemáticas

La Dra. Goodall comparó el peso de los chimpancés con el de un humano adulto.

a. ¿Es un hombre adulto más pesado que un chimpancé adulto macho?

b. ¿Aproximadamente cuánto más pesa un chimpancé macho adulto que una chimpancé hembra adulta?

Enseñar a los demás a ayudar

En 1965, la Dra. Goodall abrió un centro de investigaciones. El centro es un lugar donde los estudiantes ayudan en la investigación de los chimpancés. Aprenden a estudiar a los chimpancés y a registrar los datos.

¡En peligro!

Los chimpancés son una especie en peligro de extinción. A principios del siglo veinte, por lo menos un millón de chimpancés vivían libres en 25 países del oeste y del centro de África. Hoy en día, podrían quedar entre 170,000 y 300,000 chimpancés en toda África.

Número de chimpancés en África, 2007

Tipo de chimpancés	Número
Chimpancés orientales	76,400–124,600
Chimpancés centrales	70,000–116,000
Chimpancés occidentales	21,000–55,000
Chimpancés en Nigeria-Camerún	5,000–8,000

La Dra. Goodall visita el centro cada año. Pero ella no hace el trabajo de investigaciones ahí. En lugar de esto, viaja por todo el mundo. Habla de su trabajo con los chimpancés.

Hacer un mundo mejor

La Dra. Goodall también ha puesto en marcha un programa para niños y jóvenes. Se llama *Roots and Shoots* (Raíces y Retoños). Los niños y jóvenes aprenden cosas acerca de los animales salvajes. También aprenden acerca de la **conservación** del medio ambiente.

Conservación de los chimpancés

Los chimpancés son cazados por la carne. Las selvas donde viven están siendo **taladas** o dedicadas a la agricultura. Algunos chimpancés son llevados de la naturaleza y puestos en los zoológicos. Los programas de conservación de la Dra. Goodall trabajan en la preservación de los chimpancés y de su medio ambiente.

La Dra. Goodall ha recibido más de 20 premios por su trabajo. También es Mensajera de la Paz de las Naciones Unidas. Ella cree que todas las personas pueden hacer que el mundo sea un mejor lugar para las personas y los animales.

La línea cronológica de la Dra. Jane Goodall

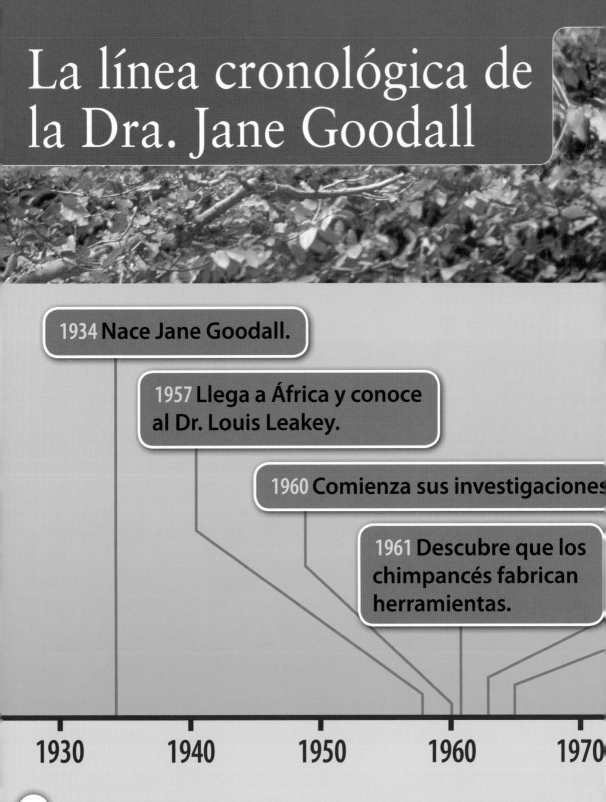

1934 Nace Jane Goodall.

1957 Llega a África y conoce al Dr. Louis Leakey.

1960 Comienza sus investigaciones

1961 Descubre que los chimpancés fabrican herramientas.

1930   1940   1950   1960   1970

Mira la cronología de la Dra. Goodall.

a. ¿Qué edad tenía la Dra. Jane Goodall cuando conoció al Dr. Louis Leakey?

b. ¿Cuántos años después de la llegada de la Dra. Goodall a África publicó uno de sus reportajes la revista *National Geographic*?

c. ¿Qué edad tenía cuando lanzó el programa *Roots and Shoots* para niños?

1963 La revista *National Geographic* publica uno de sus reportes.

1965 Inaugura el Gombe Stream Research Center.

1991 Lanza el programa *Roots and Shoots*.

2002 Las Naciones Unidas la nombran Mensajera de la Paz.

1980   1990   2000   2010   2020

¡Busca ese oso polar!

Los científicos de la flora y la fauna recopilan datos sobre el número de osos polares encontrados en el sur del mar de Beaufort. La tabla que sigue muestra cuántos osos polares se estudiaron entre el 2001 y el 2006.

Osos polares del sur del mar de Beaufort

Año del estudio	Número de osos polares estudiados
2001	137
2002	113
2003	170
2004	285
2005	249
2006	145

¡Resuélvelo!

a. Usa los datos de la tabla y los siguientes pasos para crear una gráfica de barras.

Paso 1: Dibuja una tabla de 6 hileras y 6 columnas. Haz cada hilera y columna de una pulgada de largo y una de alto.

Paso 2: Mira la tabla de datos. A lo largo de la línea inferior, marca cada columna con los años del estudio. Luego, debajo de los años, escribe "Años del estudio".

Paso 3: Mira otra vez la tabla de datos. Marca las hileras de la izquierda escribiendo 0 en la primera línea, 50 en la primera hilera y 100 en la última línea de la hilera. Continúa contando de 50 en 50 y escribiendo el número en cada hilera. Junto a los números, escribe "Número de osos polares estudiados".

Paso 4: Mira una vez más la tabla de datos. En el 2001, se estudiaron 137 osos. Pon una marca en la columna del 2001 que es un cálculo aproximado de dónde estaría el 137 en la línea izquierda. Dibuja una línea a través de la columna. Ahora colorea la columna. Repite el proceso para los osos estudiados durante otros años.

Ahora usa la información de la gráfica para contestar a estas preguntas.

b. ¿En qué año se estudió el mayor número de osos?

c. ¿En qué año se estudió el menor número de osos?

d. ¿En qué año se estudiaron casi 250 osos?

e. ¿Qué otras preguntas podrías hacer sobre la gráfica?

Glosario

aislar—detener el calor o el frío para que no se escape

camada—los bebés de un animal

cambio climático—un cambio en las condiciones del clima de un lugar o región que tiene un efecto en el medio ambiente

científico de la flora y la fauna—una persona que recolecta datos sobre animales mediante el estudio y la observación

clima—las condiciones del tiempo en un lugar o región

comunidades—grupos de personas diferentes o de animales que viven en un lugar

conservación—salvar a los animales o a las plantas de la extinción

datos—información recopilada

en peligro—que pueden desaparecer o extinguirse

investigación—recopilación de datos

medio ambiente marino—áreas relacionadas con el mar

predice—dice que algo va a suceder en el futuro

premio—presea o algo que se da por un buen trabajo

prismáticos—una pieza de equipo que tiene un cristal especial que hace parecer que los objetos lejanos están más cerca

sobrevivir—ser capaz de vivir durante o después de tiempos difíciles

taladas—cortadas por las compañías madereras

tatuajes—poner una marca permanente en la piel

tracción—ser capaz de caminar sobre una superficie resbalosa sin caerse

Índice

Exploremos las matemáticas

Página 7:

a. Hay aproximadamente 100 osos polares más en el sur de la Bahía de Hudson que osos polares en el oeste de la bahía de Hudson.

Página 11:

a. Hay 80 camadas de 2 oseznos.

b. El número de oseznos en una camada de menor frecuencia es de 4.

Página 19:

a. 30 chimpancés hembras viven en esta comunidad.

b. Hay 10 chimpancés hembras más que chimpancés machos.

c. El menor número es de chimpancés bebés.

Página 21:

a. Sí

b. 18 libras más pesado

Página 27:

a. 23 años

b. 6 años

c. 57 años

Actividad de resolución de problemas

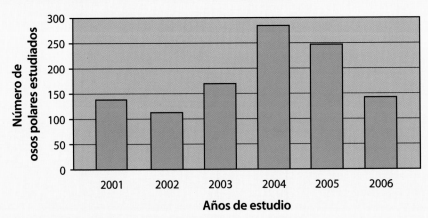

b. El mayor número de osos fue estudiado en el 2004.

c. El menor número de osos fue estudiado en el 2002.

d. Casi 250 osos fueron estudiados en el 2005.

e. Las preguntas variarán.